I0474820

WIE MAN VON ZU HAUSE AUS LEICHT GELD VERDIENT

ONLINE-JOBS FÜR FRAUEN UND MÄNNER BEKOMMEN, EIN ONLINE-GESCHÄFT SCHNELL UND EINFACH VON IHREM ZIMMER AUS STARTEN

Jessy M. Brown

Urheberrechte 2019© Jessy M. Brown

Alle Rechte vorbehalten. Kein Teil dieser
Publikation darf ohne vorherige schriftliche
Genehmigung der Autoren in irgendeiner Form oder
mit irgendwelchen Mitteln, elektronisch oder
mechanisch, einschließlich Fotokopie, Aufzeichnung
oder durch ein Informationsspeicher- oder -
abrufsystem, reproduziert oder verteilt werden.

Erste Ausgabe

Inhaltsverzeichnis

Einführung 4

Du musst es berücksichtigen..... 8

Ihre Persönlichkeit 14

Wie überwindet man Hindernisse?....................21

Mehr Optionen 33

"Schreibe" deine Ziele 40

Dein Lernen...46

Die richtigen Arbeitsplätze.......................52

Wie richtet man ein Home Office ein?..........65

Die Vorteile..... 76

Wie man Zuhause und Arbeit erfolgreich managt.84

Fazit...88

Einführung

Du bist zur Schule gegangen und hast deinen Abschluss gemacht. Du hast Jahre damit verbracht, deine Fähigkeiten zu perfektionieren und eine Karriere aufzubauen. Nun, du bist eine Mutter und deine Prioritäten ändern sich ständig. Dank des derzeitigen Wirtschaftsklimas besteht jedoch nach wie vor der Bedarf, Geld zu verdienen.

Kannst du alles haben, kannst du eine Vollzeitmutter sein und trotzdem eine lukrative und lohnende Karriere haben?

Die Antwort ist ja, wenn du lernst, dein Leben in Einklang zu bringen. Eine der einfachsten Möglichkeiten, alles zu haben und einen Gleichgewichtssinn zu genießen, ist, Dinge alleine zu tun und eine Hausfrau zu werden. Mit Ihrer Berufserfahrung, jahrelangen Erfahrung und Entschlossenheit können Sie es verwirklichen.

Der Wechsel von der Arbeit im Außendienst oder im Büro zur Arbeit zu Hause ist jedoch ein großer Schritt. Bevor Sie sich in den Prospekt stürzen, ist es eine sehr gute Idee, eine Bestandsaufnahme Ihrer Chancen zu machen, zu Hause erfolgreich zu sein. Für einige Menschen erfordert das Leuchten als Mutter und das Herausragen am Arbeitsplatz eine gewisse Trennung. Für andere passt die Arbeit zu Hause perfekt zu ihnen.

Sobald Sie sich entscheiden, ob die Arbeit zu Hause das Richtige für Sie ist, wird es viel mehr zu tun geben. Der nächste Schritt ist, festzustellen, was Ihre Perspektiven sind und wie Sie einige der Hindernisse überwinden können, die Ihnen immer im Weg stehen werden. Keine Sorge, du kannst relativ leicht über Hindernisse springen, wenn du wirklich willst.

Für berufstätige Mütter zu Hause gibt es eine Vielzahl von Karrieremöglichkeiten. Wenn Sie in Ihrem bisherigen Fachgebiet nicht weitermachen möchten, können Sie einen Teil Ihrer Fähigkeiten auf einen anderen Fachbereich übertragen. Es gibt sogar einige erstaunliche Orte, an denen man trainieren oder umlernen kann, auch von zu Hause aus, wenn man etwas ganz Neues will.

Wenn Sie sich für Lohnarbeit interessieren, wird die Jobsuche kein großes Problem sein. Die Welt verändert sich. Dank dessen bieten viele Arbeitgeber Teilzeit-, Kurzzeit- und sogar Langzeitarbeitsplätze über das Internet an. Diese sind perfekt für Heimarbeiter.

Sobald Sie anfangen, Arbeit zu finden, müssen Sie wahrscheinlich ein paar andere Dinge an Ort und Stelle bringen. Fragen zu Home-Office, Nutzen und anderen technischen Aspekten werden sich wahrscheinlich stellen. Während Sie Ihre Möglichkeiten erkunden, Ihr Home-

Office vorbereiten und ein Leben aufbauen, bei dem Sie nicht von Ihrem Kind getrennt sind, ist dieses E-Book Ihr Wegweiser.

Gemeinsam können wir Ihre Träume von der Arbeit zu Hause verwirklichen und trotzdem Zeit für Ihre familiäre Realität haben!

Du musst es berücksichtigen.....

Wenn Sie Ihrem Kind in die Augen schauen, wird die Idee, einen Anzug anzuziehen und ins Büro zurückzukehren, wahrscheinlich ein wenig überraschend sein. Zu Hause zu bleiben und zu Hause zu arbeiten, kann eine unglaubliche Erfahrung für Sie und Ihre Kleinen sein. Es kann aber auch ein aufkeimender Alptraum sein. Es hängt alles davon ab, wie gut Sie und Ihre Familie mit dem Übergang umgehen können. Einige Frauen und ihre Familien gedeihen am besten, wenn die Arbeit am Arbeitsplatz bleibt. Andere glänzen im heimischen Geschäftsumfeld. Egal welchen Weg du wählst, solange er für dich funktioniert, ist er perfekt!

Wie können Sie also feststellen, ob es Ihnen wirklich gefällt, zu Hause zu arbeiten?

Zuerst werden Sie Ihre finanzielle Situation untersuchen wollen. Um eine Karriere erfolgreich vom Home Office aus zu starten, kann es hilfreich sein, ein wenig Platz zum finanziellen Atmen zu haben. Denken Sie jedoch daran, dass Sie durch den Aufenthalt zu Hause auch ein wenig Geld sparen werden.

Über die Dollarausgaben hinaus gibt es Fragen, die Sie sich selbst und auch Ihren Ehepartner und Familienmitgliedern stellen müssen. Um ein echtes Geschäft zu Hause zu machen oder Ihre Karriere in Vollzeit zu verschieben, müssen Sie die richtige Persönlichkeit haben, um es zu tun. Darüber hinaus können Sie auch eine ernsthafte Familienunterstützung benötigen.

Lassen Sie uns einen Blick auf einige der Dinge werfen, die Sie in Betracht ziehen sollten, um Ihnen zu helfen zu entscheiden, ob die Arbeit zu Hause für Sie geeignet ist.

➢ *DIE FINANZIELLE SEITE DER DINGE ZU ERFORSCHEN.*

Die Arbeit zu Hause kann für viele Mütter sehr lukrativ sein. Es kann jedoch einige Zeit in Anspruch nehmen, um einen konstanten Cashflow zu erzielen. In diesem Sinne gibt es eine Reihe von Dingen, die Sie untersuchen sollten, bevor Sie sich entscheiden, mit beiden Füßen zu tauchen. Wenn Sie feststellen, dass das Timing nicht stimmt, machen Sie sich keine Sorgen. Sie können immer noch in einem Heimgeschäft an Wochenenden oder Abenden arbeiten und versuchen, es schnell aufzubauen, so dass Sie im Handumdrehen Vollzeit zu Hause bleiben können.

Zu den Grundlagen, die bei den Finanzen zu beachten sind, gehören:

Ihr monatliches Budget: Überprüfen Sie sorgfältig Ihre monatlichen Rechnungen und die Höhe Ihres Beitrags. Entfernen Sie Dinge aus dem Budget, die nicht mehr vorhanden sind, wie Kinderbetreuung und Transportkosten. Denken Sie daran, dass es ein wenig Zeit in Anspruch nehmen kann, ein Unternehmen aufzubauen, das ausreicht, um Rechnungen und andere Ausgaben zu decken. Wenn Ihr Beitrag für das Ergebnis Ihrer Familie unerlässlich ist, überprüfen Sie Ihre Ersparnisse: Haben Sie genug, um Ihren Beitrag für mindestens drei Monate zu decken? Sechs oder zwölf wären noch besser. Ist diese Basis abgedeckt? Wenn nicht, erwägen Sie den Übergang zur Vollzeitarbeit zu Hause, während Sie einen Reservefonds aufbauen, um sich selbst zu decken. Einen langsamen und stetigen Weg in die richtige Richtung zu gehen, ist besser, als überhaupt keinen Weg zu gehen! Mit ein wenig Zeit und Engagement können Sie Ihren Traum verwirklichen.

Ihre erwarteten zusätzlichen Kosten: Die Gründung eines Heimunternehmens kann Sie Anfangskapital kosten. Zusätzlich zu der Sicherstellung, dass Ihre Familie während des Übergangs finanziell abgesichert ist, benötigen Sie Bargeld, um ein Büro einzurichten, Ausrüstung zu kaufen, Werbung zu machen, Lizenzen und vielleicht Versicherungen zu erhalten, etc. Es ist möglich, einen Kleinkredit für diese Dinge zu bekommen und auch zu helfen, sie in den ersten Monaten zu decken. Denken Sie jedoch daran, dass dies Ihr Unternehmen in die Verlustzone führt. Manchmal ist es besser, die Bücher in Schwarz zu speichern und zu öffnen.

Die "Red Zone" Schätzung: Obwohl Sie nicht genau planen können, wann Ihr Unternehmen an einem Tag Geld verdienen wird, können Sie eine ziemlich solide Schätzung vornehmen. Seien Sie hier realistisch und erwarten Sie für eine gute Entwicklung mindestens einen Zeitraum von drei Monaten. Dies wird Ihnen helfen, die Höhe der Füllung zu bestimmen, die Sie auf Ihrem Bankkonto benötigen, um bequem zu bleiben, während Sie Ihr Geschäft aufbauen.

Die finanzielle Seite der Dinge kann eine große Überlegung sein, wenn Sie sich entscheiden, nicht mehr in einem Büro zu arbeiten und den Übergang zu Ihrem eigenen Unternehmen zu machen. Vergewissern Sie sich, dass die Basen abgedeckt sind. Einige der Optionen, die Ihnen helfen können, sind Kredite, Zuschüsse, Einsparungen oder sogar Teilzeitarbeit mit dem Unternehmen, um es aufzubauen. Doch nicht nur Geld ist Ihnen ein Anliegen.

Ihre Persönlichkeit

Zu Hause zu arbeiten ist für einige Menschen perfekt, aber nicht für andere. So oder so, es ist völlig in Ordnung, solange man weiß, wo man steht. Du kannst eine ausgezeichnete Mutter sein und außerhalb der Heimat arbeiten. Für einige Menschen funktioniert die Arbeit zu Hause und der Versuch, Vollzeit-Eltern zu sein, nicht zum Wohle aller Beteiligten. Es kommt alles auf die Persönlichkeit an.

Also, *hast du das Zeug dazu, eine Karriere zu Hause zu machen?* Stelle dir diese Fragen und beantworte sie ehrlich:

Bin ich selbstdiszipliniert? Die Arbeit zu Hause funktioniert immer noch. Fügen Sie ein Säugling, Kleinkind oder Kleinkind hinzu und die Arbeit wird sicher zwei zu eins. Um ein Unternehmen zu führen oder sogar Ihren Vollzeitjob in eine

Telearbeitsumgebung zu bringen, müssen Sie Disziplin haben. Wenn Sie der Typ sind, der dazu neigt, sich zu verlaufen, wenn Ihnen ein Chef nicht über die Schulter schaut, ist es vielleicht nicht das Richtige für Sie, die Welt der täglichen Arbeit hinter sich zu lassen. Es gibt Wege, dieses Hindernis zu überwinden, aber zuerst ist ein wenig Selbstdisziplin erforderlich.

Kann ich es ertragen, nicht die Interaktion eines "Erwachsenen" zu haben? Zu Hause zu arbeiten bedeutet, viel Zeit mit kleinen Menschen zu verbringen. Einige Mütter leben von beiden Jobs, wenn sie sie getrennt halten. Die Wahrheit ist, dass arbeitende Mütter zu Hause oft keine Zeit haben, mit Erwachsenen zu kommunizieren. Für einige ist dies kein Problem, das es zu überwinden gilt. Andere hingegen finden, dass der Umgang mit Kunden per Telefon oder E-Mail für die Interaktion mit Erwachsenen nicht ausreicht.

Bin ich motiviert genug, dies zu erreichen? Die Arbeit in einem Büro ist in der Regel motivierend für sich allein. Selbst diejenigen, die zu spät kommen, können in einem Umfeld gedeihen, in dem Fristen von anderen gesetzt werden, die Arbeit übersehen wird und ein Gehaltsscheck von der Leistung abhängt. Zu Hause zu arbeiten ist wirklich ein anderes Spiel. Wenn Sie motiviert sind und eine Geschichte als Unternehmer haben, werden Sie wahrscheinlich gut abschneiden.

Kann ich die Stunden einstellen und beibehalten? Die Arbeit zu Hause birgt die Gefahr, sich auf zu viel Arbeit vorzubereiten. Oft ist es am besten, "Bürozeiten" festzulegen und einzuhalten. Natürlich wirst du dir von Zeit zu Zeit eine Auszeit nehmen wollen, um einen Park zu besuchen, ein Schulspiel zu sehen und so weiter. Das ist in Ordnung! Die Frage ist, können Sie einen Zeitplan ohne Chef regelmäßig einhalten?

Zu Hause zu arbeiten klingt lustig und lohnend. Für viele ist es das. Andere entdecken einfach, dass sie in dieser Umgebung nicht gedeihen. Sei ehrlich zu dir selbst und du wirst den richtigen Weg wählen.

> ### ➤ *DIE FAMILIE AN ERSTER STELLE*

Wenn Sie sich entscheiden, außerhalb Ihres Hauses zu arbeiten, sind Sie nicht der Einzige, der von der Entscheidung betroffen sein wird. Ihr Mann, ältere Kinder und alle anderen, die im Haus leben, werden die Auswirkungen ebenfalls spüren. In den meisten Fällen ist es eine große Sache, Mutter zu Hause zu haben. Familien müssen jedoch eingreifen und helfen. Wenn sie Ihre Entscheidung nicht unterstützen, könnte Ihr Unternehmen im Wasser liegen, bevor es beginnt.

Also, *was brauchen Sie von Ihrer Familie, damit Ihr Heimunternehmen erfolgreich sein kann?* Stellen Sie sicher, dass Ihre Familie bereit ist, das zu tun:

Hilfe zu Hause: Es kann für Familienmitglieder sehr verlockend sein, alles für Sie zu tun, nur weil Sie zu Hause sind. Während sie beim Kochen, Einkaufen, Wäschewaschen usw. geholfen haben können, wenn Sie außerhalb des Hauses gearbeitet haben, könnte dies aufhören, wenn Sie nicht proaktiv werden und die Grenzen jetzt festlegen. Es ist zu einfach für Ehepartner und ältere Kinder zu denken, dass, nur weil die Mutter zu Hause arbeitet, sie immer mehr verfügbar ist, um andere Aufgaben zu erledigen. Obwohl du vielleicht mehr tun kannst, wenn du mehrere Aufgaben auf einmal erledigen kannst, wirst du es nicht jeden Tag tun können.

Bleib an Bord: Stelle sicher, dass du und dein Partner die Idee, zu Hause zu arbeiten, vor dem Tauchen ausführlich besprechen. Wenn du nicht zu 100 Prozent von deinem Partner unterstützt wirst, musst du wahrscheinlich einen harten Kampf austragen. Seien Sie sicher, dass Sie die Situation mit einem offenen Geist besprechen. Wenn es Widerstand gibt, teilen Sie Ihren Businessplan, Ihr Budget und andere unterstützende Materialien mit. Wahrscheinlich gefällt Ihrem Partner die Idee, dass Ihr Kind nicht außerhalb des Hauses aufgezogen wird. Stelle einfach sicher, dass dein Partner an Bord ist und so bleibt.

In einem Pinch-Jonglage-Leben zu Hause und im Büro zu helfen, ist schwierig, egal was passiert. Wenn Sie Ihr eigenes Unternehmen führen, gibt es Zeiten, in denen Sie den sprichwörtlichen Ball auf Hausarbeiten, Kinderbetreuung oder so fallen lassen müssen. Ist Ihr Ehepartner bereit, sich einen Tag frei zu nehmen, um sich um ein krankes Kind zu kümmern, wenn Sie einen großen Verkauf tätigen müssen? werden ältere Kinder oder Großeltern ein jüngeres Kind abholen, wenn Sie nicht da sein können? Stelle sicher, dass du ein gutes

Unterstützungssystem hast und die Hälfte deiner Schlacht gewonnen wird.

Die Arbeit zu Hause kann glamourös und aufregend klingen. Es ist nicht immer so. Es kann eine Reihe von Hindernissen darstellen, die überwunden werden müssen, um den Erfolg zu sichern. Bevor Sie in dieses Abenteuer eintauchen, sollten Sie und Ihre Familie wirklich erkunden, ob diese Idee die richtige für Sie ist. Wenn ja, können Sie mit voller Geschwindigkeit fahren, um sich zu vergnügen und dabei Geld zu verdienen und auch Zeit mit Ihren Kindern zu verbringen.

Die Vorteile, eine berufstätige Mutter zu werden, können erschütternd sein. Wenn Sie dringend mehr Zeit mit Ihren Kindern brauchen und für sie da sein wollen, aber dennoch finanzielle Verpflichtungen gegenüber Ihrer Familie haben, kann dies die beste Lösung sein. Nehmen Sie sich einfach die Zeit, die Situation genau zu betrachten.

Wie überwindet man Hindernisse?

Unabhängig davon, welche Art von Unternehmen Sie gründen wollen oder ob Sie beabsichtigen, Telearbeiter für Ihr bestehendes Unternehmen zu werden, wird es Hindernisse geben, mit denen Sie konfrontiert werden. Von den Finanzen bis hin zu den eigenen Ängsten vor Isolation ist die Arbeit zu Hause nicht unbedingt Regenbogen und Sonne jeden Tag. Du wirst gute und schlechte Tage haben. Du wirst sogar auf Hindernisse stoßen, die dir im Weg stehen, um überhaupt zu beginnen. Glücklicherweise gibt es Dinge, die du tun kannst, um mit fast jedem Hindernis umzugehen, das dir im Weg steht.

✓ *FINANZBLÖCKE*

Das vielleicht größte Hindernis, das der Gründung eines heimischen

Unternehmens im Wege steht, ist die Frage nach dem Geld. Dies gilt möglicherweise nicht, wenn Sie Telearbeitnehmer für Ihr bestehendes oder ein anderes Unternehmen werden. Wenn Sie jedoch bei Null anfangen, kann es ein großes Hindernis sein, das es zu überwinden gilt.

Damit die beste Grundlage für den Einstieg geschaffen werden kann, sollten Sie sich das Budget, wie bereits erwähnt, genau ansehen. Wenn du zu kurz kommst, können diese Tipps dir helfen, das Geld zu bekommen, das du brauchst, um deinen Traum wahr werden zu lassen:

Sparplan: Dies kann länger dauern als andere Optionen, um Cashflow-Probleme zu überwinden, aber es kann Sie langfristig in eine bessere finanzielle Position bringen. Anstatt Geld zu leihen, benötigt dieser Hindernisfinder nur, dass Sie anfangen, Ihre Geschäftseinsparungen selbst aufzubauen. Sie können dies tun, indem Sie an Ihrem regulären Arbeitsplatz bleiben und Geld bei Ihren Schecks sparen. Sie können auch erwägen, Ihr Unternehmen in Teilzeit nachts zu gründen, um Bargeld, Kontakte und Einkommen zu sammeln. Letztere Option hält das Geld von der täglichen Arbeit fern und kann es mit der Teilzeitfirma erhöhen. Im Allgemeinen ist dies ein recht vorsichtiger Weg, um Geldprobleme zu überwinden.

Darlehen: Kleine Unternehmensdarlehen, Hypotheken-Refinanzierungen, zweite Hypotheken und andere Kreditoptionen können für Sie verfügbar sein, um Ihr Unternehmen zu gründen. Diese Route kann Ihren Traum erfüllen und Ihnen Geld auf der Bank geben, um auch eine Weile zu leben. Die Gefahr besteht darin, dass du die Zahlungen leisten musst. Im Wesentlichen bedeutet die Finanzierung eines Unternehmens mit Krediten, mit Büchern in Rot zu beginnen. Dennoch, wenn Ihre Geschäftsidee gut genug ist und Ihre

Fähigkeiten hoch genug sind, kann es ein guter Weg sein, dies zu tun.

Subventionen: Manchmal ist es möglich, Zuschüsse zu erhalten, um ein kleines Unternehmen zu gründen. Dies wird sehr davon abhängen, was du vorhast zu tun. Wenn Sie Anspruch auf Stipendien haben, lohnt es sich, diese zu beantragen. Tatsache ist, dass Zuschüsse Ihnen das Geld geben können, das Sie brauchen, ohne etwas bezahlen zu müssen. Staatliche und Stiftungszuschüsse können verfügbar sein. Erwägen Sie die Option, aber planen Sie einen großartigen Bewerbungsprozess. Wenn Sie erfolgreich sind, wenn Sie Zuschüsse erhalten, stellen Sie sicher, dass das Geld genau dort ankommt, wo Sie sagten, dass es auch ankommen würde. Sonst kann man viel heißes Wasser bekommen!

Investoren Familie, Freunde oder andere Bekannte möchten vielleicht Ihr Unternehmen im Erdgeschoss betreten. Obwohl dies wahrscheinlich die am wenigsten empfohlene Option ist, kann sie Ihre Geschäftsideen ziemlich schnell erfüllen. Rechnen Sie damit, dass Sie diese Kredite zurückzahlen oder diesen "Partnern" einen Teil Ihres Geschäfts anbieten müssen.

Geldprobleme können immer überwunden werden, wenn du entschlossen bist, dies zu tun. Überlegen Sie sich Ihre Optionen und fahren Sie mit der oder den Optionen fort, die am besten für Sie geeignet sind.

✓ *FAMILIENRESILIENZ*

Familienelastizität kann auch ein Problem sein, wenn Sie erwägen, eine berufstätige Mutter zu werden. Wenn du nicht seine volle Unterstützung hast, könntest du in Schwierigkeiten sein.

Hier sind einige Tipps zur Lösung von Problemen, die auftreten können:

Heben Sie die Vorteile hervor: Stellen Sie sicher, dass Ihr Partner genau versteht, was Ihre Arbeit zu Hause für Ihre Familie bedeuten kann. Obwohl Sie Pflichten haben werden, um die Sie sich kümmern müssen, werden Sie letztendlich mehr für Ihre Familie verfügbar sein.

Sprechen Sie mit dem Sparpotenzial: Zeigen Sie, wie viel Sie bei Benzin, Mittagessen im Freien, Fast Food Dinners und Kinderbetreuung sparen werden. Diese Kosten können sich sehr schnell summieren und sogar jeden Verlust ausgleichen, den Sie erleiden würden, indem Sie Ihren derzeitigen Job aufgeben, wenn das Ihre Absicht ist. Viele Mütter finden, dass sie ungefähr das gleiche ausgeben wie bei der Arbeit an diesen Ausgaben, die aus einem Budgetblatt eliminiert werden können, wenn Sie zu Hause arbeiten.

Heben Sie Verdienstmöglichkeiten hervor: Stellen Sie sicher, dass Ihre Familie weiß, dass sie die Hausaufgaben für Ihre Geschäftsidee gemacht hat. Zeige ihnen Gewinnschutz, potenzielle Kunden und so weiter. Wenn Sie bereits Kunden haben, die sich registriert haben, kann dies mit Sicherheit ein schneller Sinneswandel sein.

Wenn dein Partner nicht sicher ist, ob du es kannst, beweise es. Starten Sie Ihr Unternehmen in Teilzeit und bauen Sie es vorsichtig aus. Nach dem Start wird es möglich sein, den Übergang zu vollziehen und das Einkommen der Familie nicht zu gefährden. Denken Sie daran, dass Ihr Partner Ihre Entscheidung wahrscheinlich zu 100 Prozent unterstützt, aber möglicherweise "was wäre, wenn...." befürchtet. Das ist gut. Zeigen Sie einfach Ihrem Partner und sich selbst, dass Sie es können.

Die familiäre Ausdauer ist in der Regel sehr leicht zu überwinden. Wenn Sie Ihre Hausaufgaben gemacht haben, sollten Sie in der Lage sein, Ihren Plan ziemlich gut zu verkaufen.

Wenn du jedoch wie die meisten

Menschen bist, wird der schwierigste Job, den du verkaufen kannst, bei dir selbst sein. Sie müssen glauben, dass Sie es tun können, um erfolgreich zu sein, eine berufstätige Mutter zu Hause zu sein. Eines der größten Hindernisse, mit denen du an dieser Front konfrontiert wirst, ist die Isolation.

✓ *ANGST VOR ISOLATION*

Die Arbeit zu Hause kann zu einem Gefühl der Isolation führen. Machen Sie keinen Fehler; Sie müssen an dieser Stelle proaktiv handeln. Wenn Sie sich nicht damit zufrieden geben, nur per Telefon und E-Mail mit Menschen umzugehen, werden Sie einige Vorkehrungen für ein soziales Leben im Voraus treffen wollen. Denken Sie daran, dass einige Geschäftsideen Sie mehr als andere aus dem Haus haben werden, aber es ist wahrscheinlich, dass Sie einen Plan machen wollen, um die Angst vor der Isolation zu überwinden.

Wie können Sie also *sicherstellen, dass Ihre Bedürfnisse nach Konversation, Networking und Interaktion für Erwachsene erfüllt werden?* Diese Dinge können für berufstätige Mütter zu Hause Lebensretter sein:

Schließen Sie sich einer Gruppe von Müttern an: Dies ist eine großartige Möglichkeit, aus dem Haus zu gehen und etwas Zeit mit Ihrem Kleinen außerhalb Ihres neuen "Büros" zu verbringen. Wenn du einer Gruppe von Müttern beitrittst, kannst du neue Menschen kennenlernen und dein Bedürfnis nach Konversation wecken. Gleichzeitig werden Sie Ihrem Kind die dringend benötigte Interaktion ermöglichen. Viele Müttergruppen bieten ein komplettes Programm an Aktivitäten, aus denen Sie wählen können. Einige bieten sogar Abendveranstaltungen an, um dich nur mit den Mädchen aus dem Haus zu bekommen.

Wenn Sie verkaufen, als Berater arbeiten oder etwas tun, was Sie aus dem

Haus bringen kann, nutzen Sie die Zeit mindestens ab und zu. Obwohl der Plan ist, so viel wie möglich zu Hause zu arbeiten, ist es nicht schlecht, mehrmals pro Woche auszugehen. In der Tat, es kann gut für Sie und Ihr Kind sein. Eine kleine Chance auf Landschaften und Gesichter schadet niemandem!

Werden Sie Mitglied in vernetzten Arbeitsgruppen: Nehmen Sie sich die Zeit, sich in vernetzten Arbeitsgruppen, Ihrer lokalen Handelskammer oder anderen Unternehmen zu beteiligen. Wenn du es tust, kannst du zwei Fliegen mit einer Klappe schlagen. Sie werden nicht nur die Interaktion der Erwachsenen genießen, sondern auch gleichzeitig Ihr Geschäft ankurbeln können.

Geh zu den Meetings: Wenn Sie aus der Ferne oder sogar als Berater arbeiten werden, sollten Sie von Zeit zu Zeit an persönlichen Meetings teilnehmen. Dies wird Sie hier rausbringen und Ihnen Zeit geben, Ihre Batterien unter anderen arbeitenden Erwachsenen wieder aufzuladen.

Bleiben Sie in Kontakt mit Ihren Freunden: Vertrauen Sie dem gleichen Support-Netzwerk, das Sie seit Jahren haben, um es am Laufen zu halten, wenn Sie zu Hause arbeiten. Rufen Sie Ihre Freunde an, um nachts mit Mädchen auszugehen, Spaß zu haben oder am Wochenende Filme zu sehen. Nur weil du jetzt zu Hause arbeitest, heißt das nicht, dass du nicht aus dem Haus gehen kannst.

Planen Sie Datumsnächte: Machen Sie Zeit, um Ihren Ehepartner oder Partner zu treffen. Eine Nacht pro Woche oder sogar eine Nacht pro Monat, um als Paar zu arbeiten, kann eine dringend benötigte Änderung des Tempos sein. Außerdem kann es helfen, deine Beziehung frisch und stark zu halten.

Genießen Sie ein Hobby: Verlassen Sie das Haus auf eigene Faust auf der Suche nach einem Hobby, das Sie schon immer einmal machen wollten. Nimm eine Klasse, lerne Tennis zu spielen, tue einfach etwas, was du auf persönlicher Ebene interessant findest. Freiwilligenarbeit kann auch eine gute Möglichkeit sein, auszusteigen und etwas Nettes zu tun. Schon eine Stunde pro Woche kann das Fahren von Mahlzeiten für ältere Menschen einen großen Einfluss auf Ihre Psyche haben. Denken Sie daran, dass nichts anderes zu tun, als zu arbeiten und sich um Ihre Familie zu kümmern, Sie schnell verbrennen wird. Du musst etwas haben, das dir auch gehört. Auch wenn es eine Stunde im Monat ist, etwas zu tun, was du magst, tu es!

Mach dir keine Sorgen, dass du zu Hause arbeitest und dich zum Isolationisten machst. Du kannst dieses Hindernis ganz leicht überwinden.

Mehr Optionen

Wir haben bereits festgestellt, dass Sie schon seit einiger Zeit an einer Karriere arbeiten. Dies gibt dir einen kleinen Vorteil, wenn es darum geht, deine Optionen zu erkunden. Sie verfügen über Fähigkeiten, die sich höchstwahrscheinlich in eine Telearbeitskarriere oder ein neues Unternehmen verwandeln könnten, das Ihnen gehört. Jetzt ist es an der Zeit, Ihre Optionen wirklich zu erkunden und zu entscheiden, wie Sie die Arbeit zu Hause für sich arbeiten lassen können.

Wenn Sie Ihre derzeitigen Fähigkeiten nicht in ein neues Geschäftsfeld einbringen wollen, machen Sie sich keine Sorgen. Es gibt Optionen, die eine sehr kurze Umschulungszeit erfordern. Einige Geschäftsideen sind auch ziemlich intuitiv, also denken Sie nicht, dass Sie geordnet werden müssen, um das zu tun, was Sie jetzt tun. Es sei denn, natürlich, du willst es!

Lassen Sie uns einen Blick auf einige der Optionen werfen, bei denen Sie die Tür öffnen können.

- ### *TELEARBEIT FÜR IHREN DERZEITIGEN ARBEITGEBER*

Wenn Sie eine Weile für Ihren derzeitigen Arbeitgeber gearbeitet haben und den Job lieben, aber zu Hause bleiben wollen, kann Telearbeit für Sie funktionieren. Wenn Ihr Arbeitgeber bereits Telearbeiter einsetzt, haben Sie einen Vorteil. Wenn nicht, nehmen Sie sich die Zeit, dies mit Ihrem Vorgesetzten und den Vorgesetzten zu besprechen.

Telearbeit wird an großen Arbeitsplätzen zunehmend akzeptiert. Es gibt sogar eine Reihe von Fortune-500-Unternehmen, die es ihren Mitarbeitern ermöglichen, ganz oder teilweise von zu Hause aus zu arbeiten. Die Vorteile, wenn Sie Ihre Arbeit mit nach Hause nehmen und bei

Ihrem derzeitigen Unternehmen bleiben, können umfangreich sein. Dazu gehören

Wenn Sie zu Hause tun, was Sie bereits im Büro tun, ist die Lernkurve nicht vorhanden. Das ist eine gute Möglichkeit, deinen Kuchen zu essen und ihn auch zu haben.

Verlängerung der Leistungen: Wenn Sie in Ihrem derzeitigen Unternehmen beschäftigt bleiben, verlieren Sie keine der angebotenen Leistungen. Dies kann für einige Familien ein großes Problem darstellen, also lassen Sie den Wert nicht außer Acht.

Garantiertes Einkommen: Ihre Familie wird keinen Cent verlieren, wenn Sie aus der Ferne arbeiten. Tatsächlich könnten Sie am Ende mehr verdienen, dank der Einsparungen bei den Kosten für die Heimarbeit, die wir bereits besprochen haben. Dies kann ein großer Vorteil für Sie und Ihre Familie sein. Es kann auch gut als Werkzeug funktionieren, um Ihre

Familie davon zu überzeugen, dass die Arbeit zu Hause das Richtige für Sie ist.

Telearbeit hat ihre Vor- und Nachteile. Wenn Sie sich dafür entscheiden, bei Ihrem derzeitigen Arbeitgeber zu bleiben, sind Sie auf ein festes Gehalt beschränkt. Höchstwahrscheinlich werden auch Ihre Stunden überwacht. Dies kann Ihnen einige der Freiheiten nehmen, die Sie bei der Arbeit zu Hause erwartet haben. Berücksichtigen Sie sorgfältig die Höhen und Tiefen dieser Option, bevor Sie fortfahren. Weitere Optionen sind verfügbar.

- ***BERATUNG IN IHREM BEREICH***

Okay, also vielleicht willst du nicht mehr für deinen derzeitigen Arbeitgeber arbeiten. Oder Sie haben vielleicht entdeckt, dass Ihr Unternehmen Telearbeit aus irgendeinem Grund einfach nicht erlaubt. Nimm das nicht als eine Barrikade, an der du nicht vorbeikommst.

Wenn Sie Ihre Fähigkeiten in einem bestimmten Bereich entwickelt haben, können Sie möglicherweise in eine Beraterposition wechseln.

Wenn Sie sich für einen Berater entscheiden, können Sie möglicherweise für Ihr Unternehmen gemäß Ihren Allgemeinen Geschäftsbedingungen "arbeiten". Bitte beachten Sie jedoch, dass Sie Ihren Mitarbeiterstatus verlieren. Das bedeutet aber auch, dass Sie andere Unternehmen beraten können, die von Ihrem Wissen, Ihrer Erfahrung und Ihren Fähigkeiten profitieren können.

Berater sind in den verschiedensten Bereichen sehr gefragt. Von Rechts- und Betriebsberatern bis hin zu Design, Management und darüber hinaus wenden sich viele Unternehmen regelmäßig einer Reihe externer "Augen" zu. Viele sind auch bereit, einen guten Preis für professionelle Berater zu zahlen.

Wenn Sie in eine Beraterposition

*wechseln möchten, sollten Sie folgendes
beachten, um Ihre Bemühungen in Gang
zu bringen:*

*Holen Sie sich die Nähe zu Ihrem
bestehenden Unternehmen:* Je nach Ihren
Fähigkeiten kann dies der schnellste Weg
sein, um einen soliden Beratungsvertrag
zu erhalten. Ihr Unternehmen kann sich
über die Idee freuen, Sie von der Lohn-
und Gehaltsabrechnung zu nehmen und
Vorteile zu sparen, aber es verfügt immer
noch über Ihre Fähigkeiten.

*Beitreten zu kommerziellen
Organisationen:* Um andere Möglichkeiten
zu finden, sollten Sie sich kommerziellen
Organisationen anschließen und über die
Meetings, Publikationen und sogar Online-
Suchanzeigen, die diese Gruppen
veröffentlichen, auf dem Laufenden
bleiben. Dies kann eine gute Möglichkeit
sein, in Ihrem Bereich beratend tätig zu
werden.

Stellen Sie sicher, dass Sie auf der Liste

der Angebote der Regierung stehen:
Stellen Sie sicher, dass Sie auf der Liste der Anbieter von Städten, Landkreisen, Staaten und Bundesbehörden stehen, die von Ihren Fähigkeiten profitieren könnten. Staatliche Beratungsverträge können die Karriere überfordern und stabile Einkommen bieten.

Es gibt Möglichkeiten, in Ihrem bestehenden Bereich zu bleiben und die Fähigkeiten, die Sie im Laufe der Zeit perfektioniert haben, zu nutzen, um Geld von zu Hause aus zu verdienen. Wenn Sie jedoch eine vollständige Änderung wünschen, gibt es Möglichkeiten, dies mit wenig oder gar keiner Umschulung zu erreichen. Natürlich kannst du jederzeit trainieren und wieder einsteigen, wenn du ein neues Feld zusammen eingeben willst.

"Schreibe" deine Ziele

Das Schreiben für den Lebensunterhalt ist eine der stabilsten und lukrativsten Optionen für erfahrene Hausfrauen. Freiberufliche Autoren sind in fast allen erdenklichen Bereichen gefragt. Da immer mehr Unternehmen ihr Geschäft online betreiben, brauchen sie Leute, die ihre Inhalte schreiben, ihre Blogs aktualisieren, spezielle Berichte erstellen, etc. Diese Option kann es Ihnen ermöglichen, in Ihrem bestehenden Bereich zu arbeiten, zu analysieren und auch in andere Interessengebiete zu diversifizieren.

Wenn Sie sich als Ihr neues Unternehmen schriftlich festlegen wollen, müssen Sie über einige grundlegende Fähigkeiten verfügen. Abgesehen davon, dass Sie in der Lage sind, einen Satz zu verketten, müssen Sie einen anständigen Schreibstil haben, die Grammatik verstehen und in der Lage sein, dem Druck der Fristen standzuhalten.

Einige der Optionen, die freiberuflichen Autoren zur Verfügung stehen, sind:

✓ Bloggen;
✓ Schreiben von Berichten;
✓ Schreiben von Public Relations;
✓ Erstellung von Inhalten zur Suchmaschinenoptimierung;
✓ Technisches Schreiben.

Das Schreiben für den Lebensunterhalt kann eine aufregende und lohnende Karriereoption sein. Für Mütter, die zu Hause arbeiten und schreiben können, sind die Möglichkeiten nahezu unbegrenzt.

> ➢ *DATENEINGABE UND ÄHNLICHES*

Tippen ist vielleicht nicht Ihr Ding, aber

das bedeutet nicht, dass Sie Ihre Tastaturkenntnisse nicht einsetzen können. Dateneingabepositionen und andere damit zusammenhängende Aufgaben sind bei Selbständigen und Remote-Mitarbeitern immer sehr gefragt. Eine Berufsausbildung kann auch in diesen Bereichen einen großen Schub geben.

Einige der verwandten Felder, die über die Dateneingabe hinaus zu berücksichtigen sind, sind:

- ✓ Medizinische Abrechnung;
- ✓ Medizinische Transkription;
- ✓ Transkription;
- ✓ Arbeiten Sie als Online-Personal Assistant;
- ✓ Rechnungssteller.
  -

➤ **VERKAUF**

Wenn Sie Ihre Fähigkeiten im Verkaufsbereich haben, finden Sie eine Welt der Möglichkeiten, die Ihnen offen steht. Die Realität ist, dass der Verkauf eine der einfachsten Möglichkeiten ist, in ein Unternehmen einzusteigen, aber es kann eine der am schwersten zu erreichenden sein. Dennoch, wenn du gut darin bist, wird der Himmel die Grenze sein.

Wenn Ihnen der Verkauf gut erscheint, sind die entsprechenden Optionen enthalten:

Als großer Vertreter rekrutieren etablierte Unternehmen, die Haushaltswaren, Kosmetika und ähnliche Produkte verkaufen, ständig Verkäufer. In diesen Fällen sind die Lieferanten unabhängige Auftragnehmer, die ihre eigenen Zeitpläne festlegen, in ihren eigenen Gebieten arbeiten usw. Dies kann eine großartige Möglichkeit sein, ein Unternehmen zu "besitzen", ohne das Rad neu erfinden zu müssen.

Franchise-Möglichkeiten: Dies ist ein weiterer guter Weg, wenn Sie Ihr eigenes

Unternehmen besitzen und alle Vorteile nutzen wollen. Franchising kann Ihrem Unternehmen sofortige Anerkennung und die Unterstützung verschaffen, die Sie für einen guten Start benötigen.

Andere Möglichkeiten: Es ist möglich, ein Hobby in ein Unternehmen zu verwandeln, ein Produkt zu schaffen, das produziert und verkauft wird, eine Website zu starten und so weiter. Diese Optionen können von den Fähigkeiten abhängen, die du bereits hast, oder es dir ermöglichen, neue zu entwickeln, um einen ganz anderen Weg zu gehen. Lassen Sie an dieser Stelle keinen Stein auf dem anderen, wenn Sie etwas ganz anderes machen wollen.

Die Möglichkeiten, zu Hause zu arbeiten, sind nur durch die Phantasie begrenzt. Ob Sie in Ihrem bestehenden Bereich bleiben oder sich in eine ganz neue Richtung diversifizieren wollen, es gibt Möglichkeiten, Ihre Träume von der Arbeit zu Hause zu verwirklichen. Nehmen Sie sich einfach die Zeit, Ihre Optionen wirklich zu erkunden, machen Sie Ihre Hausaufgaben und sehen Sie, welcher Weg für Sie und Ihre Familie am besten geeignet ist. Wenn Sie eine Umschulung oder neue Fähigkeiten benötigen, entspannen Sie sich. Du kannst mit dem Training etwas einfacher beginnen, als du denkst.

Dein Lernen

Du hast eine Entscheidung getroffen, deine Optionen erkundet und entdeckt, dass eine Art Training notwendig sein wird, damit deine Träume wahr werden. Mach dir nicht zu viele Sorgen. Es gibt viele Optionen, die Ihnen zur Verfügung stehen, um sicherzustellen, dass Sie das Training erhalten, das Sie benötigen. In vielen Fällen können Sie weiterhin an Ihrem Nebenjob arbeiten und online studieren oder nachts zur Schule gehen. In einigen Fällen ist es sogar möglich, Ihre neue Karriere zu Hause zu starten und gleichzeitig eine Zusatzausbildung zur Stärkung Ihres Unternehmens zu erhalten.

Welche Möglichkeiten haben Sie also, *um das Training zu erhalten, das Sie benötigen?* Es gibt drei Hauptoptionen zu berücksichtigen: Hochschule, Fachschulen oder Zertifizierungsprogramme.

- ***WIEDER AUFS COLLEGE GEHEN***

Wenn Sie eine dramatische Veränderung in den Bereichen vornehmen wollen, kann das College die beste Option für Sie sein. Dank der Online-Gradstudiengänge muss das aber nicht so entmutigend sein, wie es klingt. Es ist möglich, tagsüber zu arbeiten und nachts am Unterricht teilzunehmen.

Um den Wiedereinstieg in die Schule zu erleichtern, sollten Sie diese Tipps beachten:

Es gibt Tonnen von Stipendienprogrammen und Zuschüssen für Frauen. Erkunden Sie jede Option und lassen Sie keinen Stein auf dem anderen. Viele dieser Stipendien sind jetzt auch für Online-Studiengänge verfügbar. Achten Sie auch auf Stipendien für berufstätige Mütter. Es gibt Organisationen, die die gesamte Rechnung für Mütter bezahlen, die nach neuen Karrieren suchen.

Wenn Sie bereits einen Abschluss haben, benötigen Sie möglicherweise nur wenige Kurse, um die gewünschte Ausbildung zu erhalten. Behalte das im Hinterkopf. Wenn Sie ein komplettes Studium benötigen, konzentrieren Sie sich auf die Zukunft, um voranzukommen.

Natürlich willst du jetzt im Geschäft sein! Wenn dies nicht möglich ist, beeilen Sie sich nicht zu schnell. Arbeiten, zur Schule gehen und sich um eine Familie kümmern kann eine Menge Arbeit sein. Versuchen Sie, nur das Vernünftige zu nehmen und fest auf das Endziel hinzuarbeiten.

Zurück zum College zu gehen und einen neuen Abschluss zu bekommen, kann eine gute Möglichkeit sein, sich für eine neue Karriere umzuschulen. Es kann etwas länger dauern als andere Optionen, aber es ist eine gute Möglichkeit, von vorne anzufangen.

- ***FACHSCHULEN***

Fachschulen können die notwendige Ausbildung für eine Vielzahl von Berufen anbieten. Von der Gestaltung und dem Verkauf von Websites bis hin zur Reparatur von Computern und darüber hinaus kann diese Option aus mehreren Gründen hervorragend sein. Dazu gehören

Kosten: Technische Schulen, besonders wenn sie staatliche oder Kreisschulen sind, sind in der Regel viel erschwinglicher als die Hochschule.

Programmierung: Technische Schulen haben in der Regel sehr flexible Zeitpläne. In vielen Fällen sind die Studiengänge recht kurz, bieten aber dennoch die notwendigen Fähigkeiten, um eine neue Karriere zu beginnen.

Gezieltes Lernen: Technische Programme beinhalten nicht viele "zusätzliche" Kurse, die gewöhnliche Universitätsabschlüsse in der Regel erfordern. Dies kann es Ihnen ermöglichen, direkt auf den Punkt zu kommen, anstatt die Räder von Basket Weaving 101 drehen zu müssen.

- **ZERTIFIZIERUNGSPROGRA MME**

Kurzfristige Zertifizierungsprogramme können für bestimmte Berufsfelder die perfekte Lösung sein. Medizinische Transkriptionen, Billing und sogar Webdesign zum Beispiel können oft im Rahmen von Zertifizierungsprogrammen "Intensivkurs" erlernt werden. Dies ist aus einer Reihe von Gründen eine ausgezeichnete Möglichkeit, dies zu tun:

Zeitaufwand: Zertifizierungsprogramme sind in der Regel sehr kurz, bieten aber die notwendige Ausbildung, um in bestimmten Berufsfeldern erfolgreich zu sein. Wenn Zertifizierungen mit einem bestehenden Abschluss kombiniert werden, kann ein allgemeiner Lehrplan sehr attraktiv sein.

Beteiligte Kosten: Obwohl die Preise der Zertifizierungsprogramme natürlich variieren, sind sie im Allgemeinen viel günstiger als vollständige Studiengänge.

Gezieltes Lernen: Wie Fachschulen bieten auch Zertifizierungsprogramme einen sehr spezifischen Lernkurs. Dies ist hervorragend für diejenigen, die nicht viel Zeit in Kursen verbringen wollen, die nichts mit dem eigentlichen Ziel ihrer Karriere zu tun haben.

Wenn Ihr Unternehmen Ihrer Wahl eine Art Umschulung erfordert, um den Erfolg zu genießen, keine Panik. Es stehen Ihnen Optionen zur Verfügung, die den Lernaufwand beschleunigen können. In vielen Fällen ist es sogar möglich, die Kosten durch Zuschüsse und Stipendien niedrig zu halten. Lass nicht zu, dass das Training deinen Träumen im Weg steht.

Die richtigen Arbeitsplätze

Sie haben Ihr Fachgebiet ausgewählt, Ihre Pläne entworfen und sind einsatzbereit. Die Frage ist jetzt, wie man anfängt, Geld zu verdienen. Es sei denn, Sie arbeiten aus der Ferne für einen bestehenden Arbeitgeber, werden Sie einen Spielplan benötigen, um ein Geschäft zu machen. Zuerst wird die Suche nach den richtigen Jobs wahrscheinlich einen Großteil Ihrer Arbeit in Anspruch nehmen. Es gibt jedoch Methoden, die Ihnen helfen können. Was am besten funktioniert, hängt von deiner genauen Verfolgung ab.

- **WERBUNG ZAHLT SICH AUS**

Egal, ob Sie beabsichtigen, ein Produkt oder eine Dienstleistung zu verkaufen, die Werbung wird für Ihr Unternehmen von entscheidender Bedeutung sein. Ihr reales

Feld kann jedoch die besten Plätze beeinflussen, um Ihre Werbegelder einzusetzen. Um Kunden zu gewinnen, sollten Sie diese potenziellen Werbeträger in Betracht ziehen:

Lokale Quellen: Gemeinschaftszeitungen, Fernsehsender und Radiosender können ein guter Ausgangspunkt sein, wenn Sie Ihr Geschäft nicht über Ihre Region hinaus ausbauen wollen. Abhängig von der Art der Rasse, die Sie in Ihrem Land verfolgen wollen, können diese Fahrzeuge einem Unternehmen einen unglaublichen Schub geben.

Verlagspublikationen: Wenn Sie beabsichtigen, konsultieren zu wollen, können Verlagspublikationen den Schlüssel dazu liefern, die Tür zum Erfolg zu öffnen. Die Werbung in diesen Publikationen rückt Ihren Firmennamen mit Menschen aus Bereichen in den Mittelpunkt, die Ihre Hilfe benötigen könnten.

Websites machen den Unterschied: Egal in welches Feld Sie einsteigen, es kann sehr nützlich sein, Ihr Unternehmen online zu bewerben. Wenn Sie verkaufen, können Sie direkt online verkaufen. Wenn Sie einen Service anbieten, können Sie Geschäfte machen, indem Sie eine Website nutzen, um ihn zu bewerben. Unternehmen, die Websites haben, waren früher eine Seltenheit. Dies gilt heute als Markenzeichen eines professionellen Unternehmens. Selbst Berater haben ihre eigenen Seiten und manchmal Blogs, um zu erklären, was sie tun, wie sie es tun und warum sie die Arbeit tun sollten.

Kreative Werbung: Wenn Sie planen, ein Produkt zu verkaufen oder eine Dienstleistung anzubieten, die die allgemeine Bevölkerung in Anspruch nehmen kann, wie Buchhaltung, Buchhaltung usw., kann kreative Werbung Ihnen helfen, den Einstieg zu finden. Plakate, Bankanzeigen, Broschüren und andere ähnliche Optionen können Ihnen helfen, Ihr Unternehmen an sein Ziel zu bringen.

- ***ARBEITSVERMITTLUNGSDI ENSTE KÖNNEN HELFEN***

Der Weg zur Beratung oder sogar zur Vermittlung von Fähigkeiten als Freelancer kann ein guter Weg sein, dies zu tun. Um Arbeitsplätze in diesem Bereich zu erhalten, kann es manchmal sinnvoll sein, direkt mit Arbeitsagenturen zusammenzuarbeiten. Da Arbeitgeber in der Regel diejenigen sind, die für diese Dienstleistungen bezahlen, haben Sie nichts zu verlieren, wenn Sie diesem Weg folgen und alles gewinnen.

Einige der Vorteile der Zusammenarbeit mit den Arbeitsverwaltungen sind unter anderem:

Haben Sie Zugriff auf Ihre Kontakte: Etablierte Arbeitsagenturen haben in der Regel eine lange Liste von Kunden. Dies bedeutet, dass sie Sie möglicherweise durch die Tür mit Verträgen gehen lassen können, von denen Sie noch nicht einmal geträumt haben.

Der Verteidigungsfaktor: Arbeitsvermittlungen verdienen kein Geld, wenn sie nicht die richtigen Fachleute für den Job finden. Zu diesem Zweck arbeiten sie hart daran, Freelancer, Berater und private Auftragnehmer direkt mit den Unternehmen zusammenzubringen, die ihre Dienste nutzen können. Es schadet nie, die Anwälte auf deiner Seite zu haben, wenn du versuchst, ein Abenteuer zu Hause zu beginnen!

Die Besonderheit: Es gibt Arbeitsagenturen, die sich auf den Umgang mit Auftragnehmern und Beratern spezialisiert haben. Es gibt sogar solche, die ausschließlich in einem bestimmten Bereich arbeiten. Die Verbindung mit der richtigen Agentur kann wirklich Türen öffnen und als unglaubliches Sprungbrett für Ihr Heimgeschäft dienen.

- **WEBSITES KÖNNEN EINE AUSGEZEICHNETE WAHL SEIN.**

Wenn Ihr Plan ist, mehr oder weniger in der Online-Arena zu arbeiten, kann es sich wirklich auszahlen, nicht nur mit Ihrer eigenen Website online zu sein, sondern auch durch Jobbörsen. Eine große Anzahl von arbeitsbezogenen Websites ist entstanden, um Selbständige und Kleinunternehmer mit potenziellen Vertragsarbeitgebern zu verbinden. Zu den Vorteilen der Nutzung solcher Dienste gehören:

Niedrige Kosten: Die besten Online-Job-Suchdienste berechnen einen Mitgliedsbeitrag, aber insgesamt sind die Preise in der Regel niedrig. Für ein paar Dollar pro Quartal, können Sie sich mit mehr Jobs finden, als Sie bewältigen können.

Ausschreibungsverfahren: Gerade aus diesem Grund kann es sehr nützlich sein, Online-Jobbörsen zu besuchen. Wenn Sie beabsichtigen, als Auftragnehmer oder Berater zu arbeiten, kann Ihnen das Durchlaufen der Online-Bewerbungsverfahren helfen, zu erkennen, wo Sie möglicherweise Verbesserungen vornehmen müssen. Wenn du zum Beispiel nicht aggressiv genug bist, wirst du es schnell lernen. Darüber hinaus sind einige Ausschreibungsumgebungen offen. Das bedeutet, dass Sie sehen können, was Ihre Konkurrenz verlangt. Dies kann Ihnen helfen, wettbewerbsfähig zu bleiben und in Zukunft Arbeitsplätze zu erhalten.

Exposition: Online-Jobbörsen ziehen in der Regel eine Vielzahl von potenziellen Arbeitgebern an. In vielen Fällen können Arbeitgeber aus der ganzen Welt kommen. Die Bekanntheit, die Sie und Ihr Unternehmen durch die Nutzung dieser Websites gewinnen können, ist unglaublich.

Training: Zusätzlich zum Lernen, den Wettbewerb zu managen, kann der gesamte Prozess des Online-Gangs, um Geschäfte zu machen, als ein großartiges Training für andere Unternehmen dienen. Sobald Sie beispielsweise die Vorbereitung von Angebotspaketen beherrschen, sind Sie möglicherweise besser darauf vorbereitet, einen öffentlichen Ausschreibungsprozess zu durchlaufen.

- *DIE FRANZÖSISCHEN*

Franchisenehmer haben in der Regel einen Vorsprung. Wenn Sie sich für diese Route entschieden haben, profitieren Sie sofort von einigen Vorteilen, wenn es darum geht, das Geschäft zu starten. Diese Dinge beinhalten:

Training: Die meisten großen Franchiseunternehmen und auch einige der kleineren bieten Trainings nicht nur im Geschäftsmodell, sondern auch in Werbung und Marketing an.

Soforterkennung: Franchiseunternehmen haben den Vorteil, einen anerkannten Namen zu haben. Dies an sich kann sofort zu Geschäften führen. Wenn Sie sich für eine Franchise entscheiden, die weniger bekannt ist, stellen Sie sicher, dass Sie ein gutes Geschäftsmodell und ein qualitativ hochwertiges Produkt oder eine Dienstleistung haben. Es ist gut, das Erdgeschoss zu betreten, während die Aufklärung gebaut wird. Stellen Sie einfach sicher, dass das Unternehmen wirklich eines ist, das Sie sichern können. Wenn Sie nicht von einem Unternehmen überzeugt sind, sind die Chancen nicht anders.

Gruppenwerbung: Viele Franchiseunternehmen führen nationale Werbekampagnen durch. Sie tun dies, indem sie einige der Franchisegebühren verwenden, die hereinkommen. In einigen Fällen können Franchisenehmer in einem lokalen Gebiet auch "Gruppeneinkäufe" tätigen, um mehr Werbung zu nutzen. Jeder Franchisenehmer in einer Region, zum Beispiel, wird X Dollar für eine große

Kampagne einzahlen. Dies erhöht die Exposition, ohne den Geschäftsinhaber zu viel Geld zu kosten.

- ***ARBEITSNETZWERK***

Unabhängig davon, in welchem Bereich Sie sich entschieden haben, zu arbeiten, wenn Sie beabsichtigen, Ihre eigene Arbeit zu Hause zu besitzen, wird die Vernetzung wichtig sein. Kurz gesagt, dies ist eine weitere Form der Werbung. Dies muss jedoch nicht zu viel kosten und kann mit einer Vielzahl von Belohnungen amortisiert werden.

Es gibt eine Reihe von Optionen auf der Vorderseite der Netzwerke. Die beste Option oder Optionen für Sie hängt von der Art des Geschäfts ab, in das Sie einsteigen möchten. Einige Ihrer Netzwerkoptionen umfassen:

Handelskammern: Unabhängig davon, in welchem Bereich Sie tätig werden möchten, kann dies eine ausgezeichnete Option sein, um Ihren lokalen Markt zu erreichen. Wenn Sie einer Kamera beitreten, werden Sie nicht nur Ihr Unternehmen bekannt machen, sondern auch die Möglichkeit nutzen, vom "Home Office" wegzukommen. Darüber hinaus bieten viele Kameras wertvolle Business-Schulungen zu sehr niedrigen Kosten für die Mitglieder.

Online-Netzwerke: Es gibt Online-Gruppen, die Geschäftsinhabern, die im Web arbeiten, helfen, sich gegenseitig kennenzulernen. Dies ist eine großartige Möglichkeit, andere Unternehmer zu erreichen. Wenn Sie beabsichtigen, als Auftragnehmer oder Berater zu arbeiten, können diese Gruppen auch Ergebnisse mit einigen ernsthaften Geschäften erzielen.

Netzwerkgruppen: Wie die lokalen Handelskammern können diese Gruppen sehr nützlich sein, um Ihren Namen in Ihrer Gemeinde bekannt zu machen. Networking-Gruppen bieten auch eine eher nützliche soziale und pädagogische

Funktion. Es schadet nie, andere Menschen in deiner Situation zu haben, mit denen du reden und von denen du lernen kannst.

Sponsoring: Dies ist ein anderer Weg, um den Namen Ihres Unternehmens in die lokale Gemeinschaft zu bringen, aber es kann sich lohnen. Sponsern Sie eine lokale Veranstaltung, ein Sportteam, eine Klasse. Mache deinen Namen bekannt für Menschen, die dich für deine Treue zur Gemeinschaft anerkennen und dich mit ihrer Unterstützung bezahlen werden.

Die richtigen Arbeitsplätze zu finden, kann eine konzertierte Aktion erfordern. Du musst wissen, wo du suchen sollst, wie du das Wort über dich selbst verbreiten kannst und wie du ein richtiges Netzwerk aufbauen kannst. Keine Sorge, wenn du das noch nie gemacht hast. Es wird rechtzeitig zu dir kommen. Werbung ist der einfache Teil, aber sie kostet Geld. Networking kann ein bisschen schwierig für die Schüchternen sein, aber das kann so wichtig sein wie jede Art von bezahlter Anzeige, die Sie finden können.

Wie richtet man ein Home Office ein?

Du hast eine Entscheidung getroffen und willst zu Hause arbeiten. Gut für dich! Selbst wenn Sie den von Ihnen gewählten Bereich, das Geld und einen Businessplan haben, gibt es noch mehr zu tun. Einer der vielleicht größten und wichtigsten Schritte ist noch nicht getan. Um zu Hause zu arbeiten und erfolgreich zu sein, brauchst du einen Ort, an dem du deinen eigenen nennen kannst.

Ja, natürlich willst du bei deiner Familie sein und mittendrin. Dennoch, wenn Sie kein Büro haben, das Sie anrufen können, wenn Sie es brauchen, kann es Ihnen sehr leid tun. Tatsache ist, dass Telefonate mit Kunden mit einem kleinen Kind, das im Hintergrund schreit, peinlich sein können. Das Schreiben von Berichten über die

Frist, während Ihre Familie fernsieht, kann eine Ablenkung sein. Um diese Probleme zu überwinden und zu überwinden, benötigen Sie ein Home Office. Plus, mit einem wird Ihnen ein integrierter Steuerabzug gewährt!

Damit ein Heimbüro wirklich für Sie arbeitet, lohnt es sich, herauszufinden, was Sie wirklich brauchen. Es ist auch eine gute Idee, sich daran zu erinnern, warum es wichtig ist, einen eigenen Raum zu haben.

> ### WAS DU BRAUCHST

Ein Heimbüro muss nicht aufwändig sein, um effektiv zu sein. Die Menge oder Menge des benötigten Platzes hängt von Ihrem persönlichen Geschmack und dem verfügbaren Platz ab. Im Allgemeinen, solange es Versorgungsanschlüsse gibt - Telefon, Kabel, etc. - und einer Tür, musst du bereit sein. Selbst nützliche Probleme können mit drahtlosen Netzwerken und Verlängerungskabeln gelöst werden.

Jenseits des Raumes benötigen Sie diese Dinge wahrscheinlich, um ein Heimbüro richtig einzurichten:

Ein Schreibtisch: Aufwändig ist hier nicht wichtig. Sie können so einfach wie mit einem Holzstück auf zwei Aktenschränken gehen. Solange Sie über einen Arbeitsplatz für Ihre wichtigen Dokumente und Akten verfügen und an dieser Front gut aufgestellt sind.

Computer und andere Ausrüstung: Fast jedes Feld, das Sie betreten, erfordert heutzutage einen Computer. Wenn Sie beabsichtigen, für Ihren derzeitigen Arbeitgeber Telearbeit zu leisten, ist dies wahrscheinlich eine Notwendigkeit. Selbst wenn Sie eine neue Karriere beginnen wollen, kann es sehr klug sein, einen Computer zu haben, an dem Sie arbeiten können. Investieren Sie in eine gute Maschine und stellen Sie sicher, dass Sie auch ein Backup haben. Nichts kann ein Unternehmen schneller beiseite legen als Computerprobleme! Es könnte auch eine

gute Idee sein, Online-Festplatten-
Backup-Services in Betracht zu ziehen,
um sicherzustellen, dass Ihre
Datenbanken im Falle eines Unfalls
abgedeckt sind. Neben der
Grundkonfiguration eines Computers
müssen Sie auch Dinge wie ein Telefon,
einen Kopierer und ein Fax
berücksichtigen. Wenn Ihr Bereich eine
spezielle Ausrüstung benötigt, müssen Sie
diese ebenfalls planen.

Eine Tür: Auch hier müssen Sie nicht die
ganze Zeit in der Zentrale arbeiten. Wenn
Sie mit einem Laptop in der Küche sein
wollen, während Sie das Abendessen
zubereiten, sind Sie der Chef! Eine Tür zu
haben, die sich bei Bedarf schließt, kann
jedoch für die Konzentration unerlässlich
sein. Es kann auch helfen, dich daran zu
erinnern, dass du "auf der Uhr" bist.
Darüber hinaus kann eine Tür auch
Familienmitglieder daran erinnern, dass
Sie "auf der Uhr" sind. Denken Sie daran,
dass Ihre Familie möglicherweise eine

lange genug Anpassungszeit hat, damit Sie zu Hause arbeiten können. Der private Raum kann als große Erinnerung dienen, dass die Tatsache, dass die Mutter zu Hause ist, nicht bedeutet, dass sie jedes einzelne Problem, das auftritt, lösen kann.

> ***WARUM BRAUCHST DU EIN HOME OFFICE?***

Auch wenn Ihr Zuhause klein ist und Sie einen Raum zum Gestalten finden, ist es eine Herausforderung, lassen Sie es geschehen. Egal, ob Sie eine Garagenecke bewachen, einen Schrank benutzen oder ein zusätzliches Zimmer in Anspruch nehmen, beanspruchen Sie einfach einen Platz!

Zu den Gründen, warum dies so wichtig ist, gehören:

- ✓ Datenschutz;
- ✓ Professionalität;

✓ Steuerabzug, der sehr wichtig sein kann;
✓ Dein Verstand!

Ein Home Office kann etwas kompliziert zu erstellen sein, aber es kann sich lohnen, Ihnen den Platz zu geben, den Sie für die Arbeit benötigen. Egal, was Ihre Arbeit zu Hause ist, die Privatsphäre wird geschätzt. Darauf kannst du dich verlassen!

➤ *ERFOLGSTIPPS*

Während der Weg zum Erfolg stark variieren kann, je nachdem, welches Geschäft Sie planen zu folgen, gibt es einige allgemeine Tipps, die Ihnen helfen können, egal was passiert. Einige der besten Tipps für Mütter sind:

Seien Sie geduldig: Die Arbeit zu Hause kann sehr lohnend sein. Es kann auch sehr frustrierend sein. Wenn dein 8-Jähriger dir die gleiche Geschichte zum fünften Mal erzählt, während du an einem Termin bist, kann deine Geduld erschöpft sein. Atme tief durch, zähle bis 10 und erkläre, dass du es gerne in einer Weile hören würdest.

Glaub an dich selbst: Da du dank deiner ursprünglichen Karriere kein Fremder in der Arbeitswelt bist, solltest du in diesem Fall einen Vorteil haben. Dennoch kann es sehr entmutigend sein, ein eigenes Unternehmen zu haben und sich nicht an ein "Unternehmen" zu wenden. Glaub an dich selbst, zieh eine Bilanz deiner Fähigkeiten und bewege dich mit voller Geschwindigkeit. Wenn Sie eine erfolgreiche Karriere bei jemand anderem genießen konnten, gibt es keinen Grund, warum Sie nicht alles selbst machen können!

Arbeitszeiten festlegen: Das kann nicht stressig genug sein. Sie müssen an den meisten Tagen eine Routine einrichten, um zu Hause arbeiten zu können. Wenn du lieber den ganzen Tag mit deinen

Kindern verbringen möchtest, dann tu es. Achte nur darauf, dass du "einsteckst", wenn du ins Bett gehst. Du musst bei ihr bleiben, um ein Abenteuer zu Hause zu erleben.

Werben Sie für sich selbst: Nehmen Sie sich die Zeit, das Wort über Ihr Unternehmen zu verbreiten. Wenn du es nicht tust, wird es niemand anderes tun. Ihr letztendlicher Erfolg wird nicht nur in Ihren Fähigkeiten liegen, sondern auch darin, wie gut Sie es schaffen, Kunden und Verträge zu gewinnen.

Seien Sie hartnäckig: Die Gründung jeder Art von Unternehmen erfordert Zeit und Engagement. Wenn Sie zu Hause arbeiten, stehen Sie immer noch vor den gleichen Hindernissen wie jedes Unternehmen. Du musst fleißig und hartnäckig sein, um sie zu überwinden.

Halten Sie Ihre Kontakte offen: Sie verlassen eine Karriere in einem Unternehmen, um mit Ihrer Familie zu

Hause zu bleiben und ein eigenes Unternehmen zu gründen. Achten Sie darauf, dass Sie die Kontakte, die Sie über die Jahre hinweg geknüpft haben, offen halten. Sie können für Sie in Zukunft wertvolle Geschäftsquellen sein. Das spielt keine Rolle, ob du in deinem Bereich bleibst oder ob du vorhast, einen etwas anderen Weg zu gehen. Die Realität ist, dass dein aktueller Ruf dir viel helfen kann, egal in welches Feld du eintrittst. Lassen Sie Ihre alten Kontakte wissen, was Sie tun und halten Sie und Ihr Unternehmen an der Spitze ihrer Gedanken.

Seien Sie realistisch: Erwarten Sie nicht, dass Sie in 10 Tagen oder weniger ein Fortune-500-Unternehmen aus Ihrer Garage heraus aufbauen. Obwohl dies ein fantastisches Ziel ist, ist es nicht ratsam, einen solchen Erfolg von Anfang an zu erwarten. Du kannst entmutigt werden und deine Chancen, dein Ziel zu erreichen, beeinträchtigen. Stellen Sie einfach sicher, dass Ihre Erwartungen realistisch sind.

Multitasking lernen: Sie haben sich entschieden, aus einem Grund zu Hause zu bleiben - Ihrer Familie. Achten Sie darauf, dass Sie ihnen Zeit sparen. Während Sie in Ihrem Unternehmen arbeiten, kann dies bedeuten, dass Sie mehrere Aufgaben auf einmal erledigen müssen. Erfahren Sie, wie Sie das Abendessen zubereiten können, während Sie telefonieren. Tätigen Sie Anrufe, während Sie in der Schlange am Schulwagen Ihres Kindes sitzen. Bereiten Sie Massenmailings vor, während Sie nachts mit der Familie fernsehen.

Vergiss dich selbst nicht: Es kann sehr verlockend sein, alles, was du hast, in deine Familie und dein Unternehmen zu stecken. Während dies nach einer großartigen Idee klingt, könnte es dich schnell verbrennen. Achte darauf, dass du dir etwas Zeit verschaffst. Dies wird Ihnen helfen, sich zu entspannen, zu entspannen und aufzuladen. Selbst 20 Minuten am

Tag, wenn Sie eine Reihe von Lieblingsbüchern lesen, meditieren oder joggen, können Ihnen die Zeit geben, die Sie brauchen, um Sie selbst zu sein. Übersehen Sie dies und Ihre Familie, Ihr Unternehmen und alle von Ihnen werden wahrscheinlich leiden.

Die Vorteile.....

Wenn Sie sich nicht für Telearbeit für Ihren derzeitigen Arbeitgeber entschieden haben, ist dies wahrscheinlich eine Frage, die Sie nachts wach hält. Selbst wenn Sie Ihre Hausaufgaben gemacht haben und Ihr Unternehmen bereit ist zu beginnen, kann die Frage der Gewinne unbeantwortet brennen.

Wie können Sie also die Lücken schließen, die entstehen, wenn Sie eine Vollzeitstelle für eine Stelle im Haus Ihrer Kreation aufgeben?

Glücklicherweise hast du einige Möglichkeiten. Die meisten berufstätigen Mütter können ihre Lebensgrundlagen in Form von Krankenversicherung, Ruhestand und sogar Sparen abdecken. Lassen Sie nicht zu, dass dieses besondere Hindernis als Stolperstein dient.

➢ *MEDIZINISCHE BEDÜRFNISSE ERFÜLLEN*

Medizinische, zahnmedizinische und visuelle Versorgung gehören im Allgemeinen zu den größten Sorgen für berufstätige Frauen, die planen, in ein Heimunternehmen zu wechseln. Optionen sind verfügbar. Was für Sie am besten funktioniert, hängt von der individuellen Situation Ihrer Familie ab. Einige der Optionen, die Sie untersuchen möchten, sind unter anderem:

Die Familie auf Ihre "Sinnvolle Paar"-Versicherung setzen: Wenn Ihr Partner über Ihren Arbeitsplatz eine Versicherung hat, ist Ihre Abrechnung ganz einfach. Sie und die Kinder können zu Ihrer Richtlinie hinzugefügt werden. Die meisten Unternehmen werden solche Änderungen zur Jahresmitte zulassen, wenn ein großes Ereignis in einer Familie stattgefunden hat. Im schlimmsten Fall müssen Sie bis zur offenen Anmeldung warten.

Private Versicherungsoptionen: Es ist möglich, eine private Versicherung abzuschließen, die Sie und Ihre Familie abdeckt. Beachten Sie jedoch, dass viele private Ankaufspolicen nicht für bereits bestehende Erkrankungen gelten. Einige medizinische Bedingungen werden es in der Tat unmöglich machen, private Versicherungen für Einzelpersonen abzuschließen.

Gruppenoptionen: Dies ist eine Lösung für Menschen mit bereits bestehenden Erkrankungen. Es ist möglich, ein Heimunternehmen in einen Gruppenpool aufzunehmen. Das Endergebnis wird eine Police sein, die der eines regulären Arbeitgebers ähnelt. Das bedeutet, dass jemand mit einer Erkrankung nicht ausgeschlossen werden kann. Der Nachteil ist, dass die Kosten sehr hoch sein können. Allerdings kann die Option eine gute Lösung für diejenigen sein, die sie benötigen.

Die Deckung Ihrer medizinischen Bedürfnisse kann nicht so schwierig oder teuer sein, wie Sie denken. Erkunden Sie alle Optionen genau und wählen Sie diejenige, die am besten zu Ihrer Familie passt.

> ## ➢ *RETIREMENT......*

Die Krankenversicherung ist die erste und größte Sorge, die Frauen haben, wenn sie sich entscheiden, den Übergang zur Arbeit zu Hause zu schaffen. Es ist aber nicht die letzte. Ebenso wichtig kann es sein, die Altersversorgung oder das Sparen sicherzustellen. Bitte beachten Sie, dass Sie in den meisten der von uns diskutierten Szenarien Ihr eigener Chef sein werden. Das bedeutet, dass, wenn Sie nicht für den Ruhestand sparen, niemand sonst wahrscheinlich in Ihrem Namen handeln wird.

Wie können Sie also *sicherstellen, dass Sie ein Sparnest für Ihre Goldenen Jahre haben?* Diese Optionen stehen Ihnen zur

Verfügung:

Individuelle Alterskonten: Individuelle Konten können sehr vorteilhaft beim Sparen für die Zukunft sein. Nicht nur neigen sie dazu, gute Zinsgewinne anzubieten, aber sie können auch ihre Gewinne ausgleichen, wenn es Steuerzeit ist. Aufgrund von Beitragsbeschränkungen können Sie jedoch mehr als diese Karte in Ihrer Hülle haben wollen.

401ks: Dieses Altersvorsorgefahrzeug kann ein anderes Fahrzeug in Ihren Altersvorsorgeplan aufnehmen. Sie müssen sich mit einer Pensionsfondsgesellschaft darüber beraten, wie Sie eine solche gründen können. Wenn Sie jedoch Ihr Unternehmen gründen, muss Ihnen diese Option offen stehen.

Aktien und Anleihen: Diese können sich als ein wenig hohes Risiko erweisen, aber sie können mit großen Belohnungen belohnt werden. Treten Sie hier jedoch vorsichtig vor und legen Sie nicht alle Ihre Eier in einen Korb.

Andere Optionen: Es gibt viele andere Anlagevehikel, die Ihnen helfen können, ein firmengestütztes Alterskonto zu ersetzen. Erwägen Sie Investitionen in Gold, Immobilien und andere ähnliche materielle Anlagen. Wenn Ihr Unternehmen eines ist, das schließlich verkauft werden könnte, könnte dies auch als eine Altersvorsorgeinvestition gelten.

Nur weil Ihr ehemaliger Arbeitgeber keine Altersvorsorge finanziert, bedeutet das nicht, dass Sie nicht für Ihre Zukunft sparen können. Mit einem guten Plan und ein wenig Disziplin können Sie sicherstellen, dass Sie eine Reservierung haben, um Ihre Goldenen Jahre angenehmer zu gestalten.

➤ *ANDERE EINSPARUNGEN*

Die Pensionierung wird oder sollte nicht die einzige Einsparung sein, die Sie bei der Gründung eines neuen

Heimunternehmens in Betracht ziehen. Sie werden wahrscheinlich auch wollen, dass ein Regentagefonds eingerichtet wird. Dies kann verwendet werden, um Ihr Unternehmen in Zeiten langsamer Zeit abzudecken. Sie können es auch für allgemeine Einsparungen für Urlaub, Heimwerken und Notfällen verwenden.

Optionen, um Ihr Geld besser arbeiten zu lassen, in Bezug auf die Gesamteinsparungen beinhalten:

Geldmarktkonten: Diese Art von Sparvehikel wird Ihnen kein kleines Vermögen einbringen, aber Sie können sicherstellen, dass Ihr gespartes Geld etwas einbringt. Die meisten Banken bieten diese Dienstleistungen und Zinsen an, damit Sie Ihr Geld für sich arbeiten lassen können.

U.S. Savings Short-Term Bonds: Bonds und andere kurzfristige Geschäfte können eine gute Möglichkeit sein, ein wenig mehr aus Ihren Ersparnissen zu verdienen.

Leicht zu liquidierende Anlagen: Einige Anlagen wie Gold, Sammlermünzen oder Briefmarken können auch gut für Regentage geeignet sein. Dies kann auch eine gute Möglichkeit sein, etwas Geld zu verdienen, ohne dabei ein großes Risiko einzugehen. Es ist nicht ratsam, sie als einzige Form der Einsparung zu nutzen, aber sie können in einen Gesamtplan aufgenommen werden.

Der Ersatz von Leistungen ist nicht so schwierig, wie es scheint. Für die meisten Mütter zu Hause stehen Fahrzeuge zur Verfügung, um eine Basisversorgung zu ermöglichen.

Wie man Zuhause und Arbeit erfolgreich managt

Wenn Sie es gewohnt sind, in einem Büro zu arbeiten und eine klare Abgrenzung zwischen Beruf und Familie haben, kann das Jonglieren eine große Herausforderung sein. Die Realität ist, dass, wenn du die bewusste Entscheidung triffst, eine Mutter zu sein, die zu Hause arbeitet - selbst wenn du entfernt arbeitest - du die Grenzen verwischen wirst, die Grenzen schaffen. Um alles auszugleichen, brauchst du einen Plan.

Diese Tipps können helfen:

Lerne zu priorisieren: Da du derjenige zu Hause sein wirst, wirst du wahrscheinlich viel mehr zu tun haben. Sie werden sich nicht nur gezwungen fühlen, sich um Ihr Kind und Ihr Unternehmen zu kümmern, sondern auch um Ihr Zuhause. Du kannst nicht alles machen. Zu lernen, Prioritäten zu setzen, was getan werden sollte und was Sie erwarten können, ist unerlässlich. Auf die gleiche Weise werden wir auch lernen, einige Aufgaben nach Möglichkeit an andere Familienmitglieder zu delegieren.

Lerne, ein paar Dinge loszulassen: Wenn es um ein krankes Kind und einen großen Vertrag geht, sind deine Prioritäten klar. Diese beiden Dinge werden Ihre Aufmerksamkeit erfordern. Wenn sich deine Kleidung stapelt und dein Geschirr nicht gewaschen wird, lass sie gehen. Sie werden bis morgen warten. Dein Sohn und dein Kunde nicht!

Erfahren Sie, wie Sie um Hilfe bitten können: Du bist unglaublich, aber du bist nur ein Mensch. Er wird manchmal Hilfe brauchen. Hab keine Angst zu fragen.

Haben Sie einen Backup-Plan: Es wird ein paar Tage geben, an denen Sie mit Ihrem Kind und seiner Arbeit nicht Schritt halten können. Stellen Sie sicher, dass Sie über einen Backup-Plan verfügen. Holen Sie sich einen Verwandten zur Betreuung des Kindes oder sogar zur Betreuung des Kindes in einer örtlichen Kindertagesstätte. Es ist in Ordnung, nicht immer die Betreuerin zu sein. Tatsächlich machen Kinder manchmal besser mit der Sozialisation, wenn sie von Zeit zu Zeit in Gruppen sein dürfen.

Nutzen Sie die Ausfallzeiten: Nutzen Sie die Vorteile von Ausfallzeiten, die Sie bei Projekten haben, die abgeschlossen werden müssen. Während dein Baby zum Beispiel schläft, kannst du deine Anrufe tätigen. Wenn Ihr Kind Frühstück isst, bereiten Sie das Abendessen in einem Slow Cooker zu. Denken Sie daran, sich auch etwas Zeit zu verschaffen.

Der Wechsel von einer Frau, die in einem Büro arbeitet, zu einer Mutter, die zu Hause arbeitet, kann ein großer Wandel sein. Sei nett zu dir selbst und lerne, die Dinge perspektivisch zu betrachten. Du kannst viele Bälle auf einmal jonglieren. Allerdings kann man nicht die ganze Zeit allein sein.

Fazit

Zu Hause zu arbeiten ist nicht jedermanns Sache. Stellen Sie sicher, dass Sie die Optionen wirklich ausprobieren und Ihre Motivationen berücksichtigen. Wenn Sie wissen, dass Sie in einem Büro mit vielen Menschen um sich herum arbeiten, sind Sie zu Hause vielleicht nicht glücklich. Obgleich es gut klingt, in der Lage zu sein, Zeit mit Ihrem Kind zu verbringen, wenn Sie wirklich in einem Büro mit Leuten sein möchten, können Sie jeder bilden, das miserabel ist, wenn Sie es anders tun. Wenn Ihre Persönlichkeit nicht zum Profil der Arbeit zu Hause passt, keine Panik. Du kannst eine Karriere außerhalb der Heimat machen und trotzdem eine ausgezeichnete Mutter sein. Zu erkennen, dass du etwas anderes brauchst, kann gut für dein Kind sein.

Wenn du dich entschieden hast, dass Bewegung wirklich gut für dich ist, sollten deine Chancen, Erfolg zu haben, steigen. Um wirklich einen ernsthaften Schritt in jeder Karriere zu Hause zu machen, müssen Sie einen Plan haben. Dazu gehören Startkapital, ein Businessplan und sogar einige Perspektiven für Werbung, Marketing und Kundenstamm. Machen Sie Ihre Hausaufgaben und gehen Sie mit Vorsicht vor. In kürzester Zeit sollte Ihr Unternehmen betriebsbereit sein.

Denken Sie daran, dass sich Ihr Spielfeld bei der Arbeit zu Hause dramatisch verändert hat. Du musst in der Lage sein zu jonglieren, Geduld zu haben und einen Sinn für Humor über dich selbst zu haben. Der Job wird wichtig sein, aber auch dein anderer Job: eine Mutter zu sein.

Setzen Sie sich Ihre Ziele und versuchen Sie, sie zu erreichen. Üben Sie jedoch eine gewisse Flexibilität aus. Es wird Tage geben, an denen man erst um Mitternacht ins "Büro" kommen kann und andere, an denen alles reibungslos von der Morgenroutine bis zur Schlafenszeit läuft. Die Schönheit des Seins eine Mutter, die zu Hause arbeitet, ist, dass Sie die Fähigkeit haben müssen, sich an die Bedürfnisse des Tages anzupassen. Dieser besondere Vorteil kann jedes bisschen Aufwand wert sein, der notwendig ist, um ein Heimunternehmen zu gründen.

Eine berufstätige Mutter zu Hause zu werden, ist für eine Karrierefrau sehr wichtig. Bleib standhaft und sei geduldig. Wenn du das tust, kannst du deine Träume wahr werden lassen.

Denke nur daran, dass nicht alles über Nacht passieren wird und dass es Zeit braucht, bis du eine Veränderung in deinem Leben zum Besseren siehst.

Jetzt ja, ich wünsche dir das Beste für deine Ergebnisse, und denk daran, alles ist praktisch; Theorie ohne Handeln nützt dir nichts.

Eine große Umarmung, deine Freundin, Jessy!

Übrigens, wenn Sie Ihre Ergebnisse nach und nach erreichen, empfehle ich Ihnen sehr, wenn Sie viel mehr über die Methoden des Geldverdienens erfahren wollen, das Buch eines großen Autors, von dem ich viel lerne, über "GEHEIMSTRAATEGIEN, VIEL GELD IM MULTINIVELEN GESCHÄFT zu machen", ist ein Buch, das Ihnen auf dem Weg zur "Finanzfreiheit" sicherlich sehr helfen wird.

Sie finden es ohne weiteres in der Amazon-Suchmaschine, wie z.B.: "Geheime Strategien, um im Multi-Level-Geschäft viel Geld zu verdienen" oder nach seinem Namen zu suchen, wie z.B.: "Gaston Echevarria"..... Ich wünsche Ihnen noch einmal viel Erfolg bei Ihren Ergebnissen!

www.ingramcontent.com/pod-product-compliance
Lightning Source LLC
Chambersburg PA
CBHW072201170526
45158CB00004BB/1724